AF223699

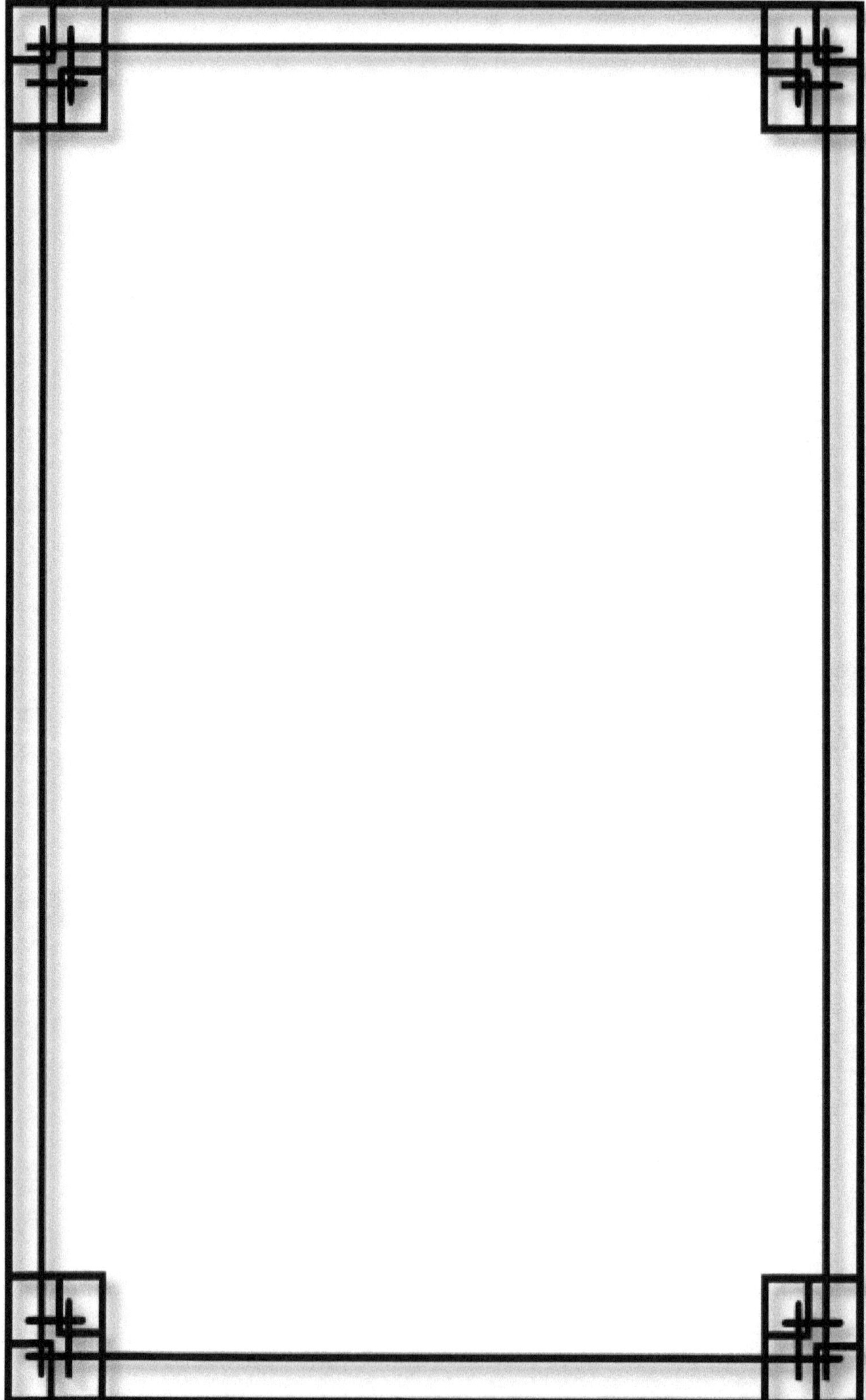

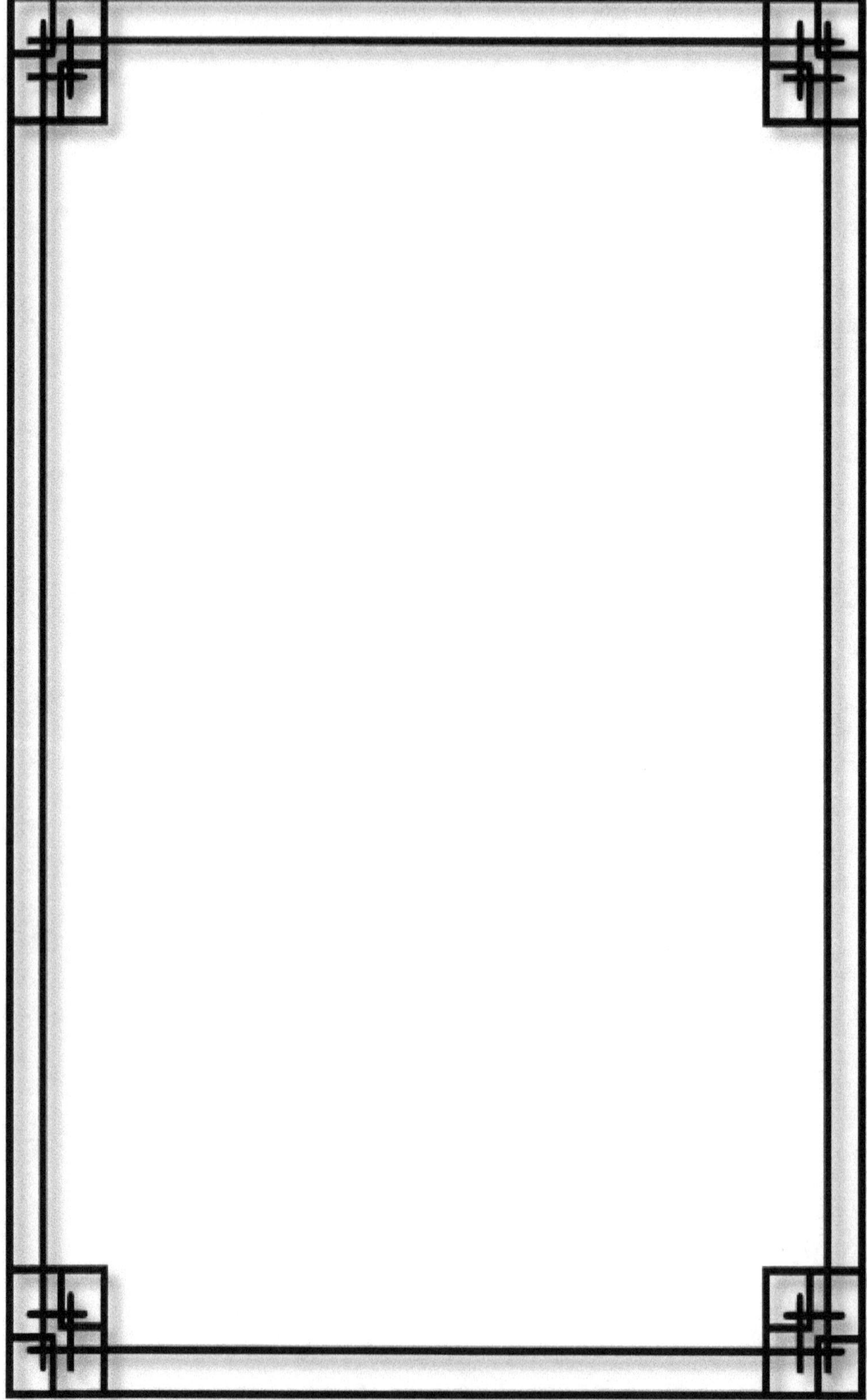

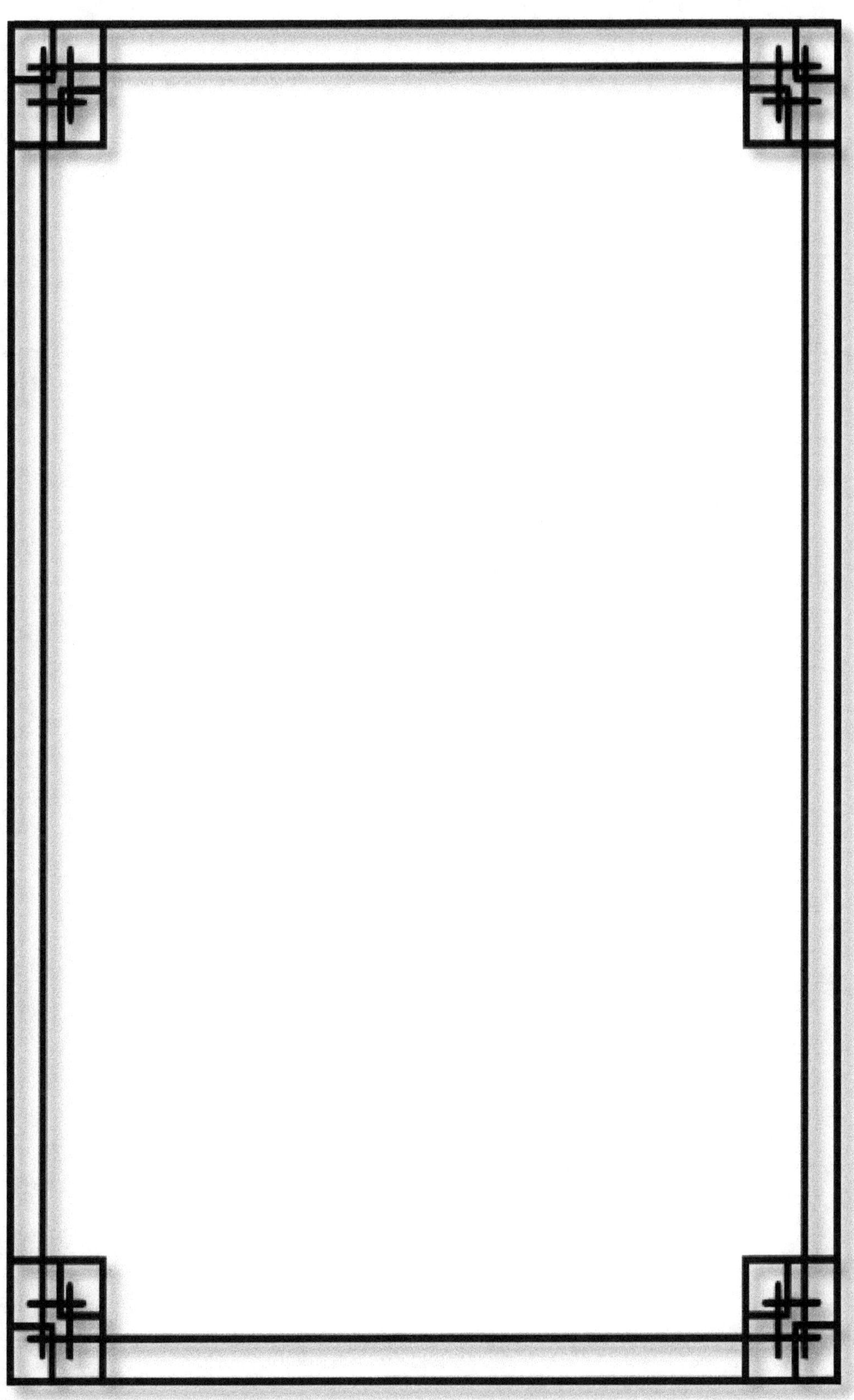

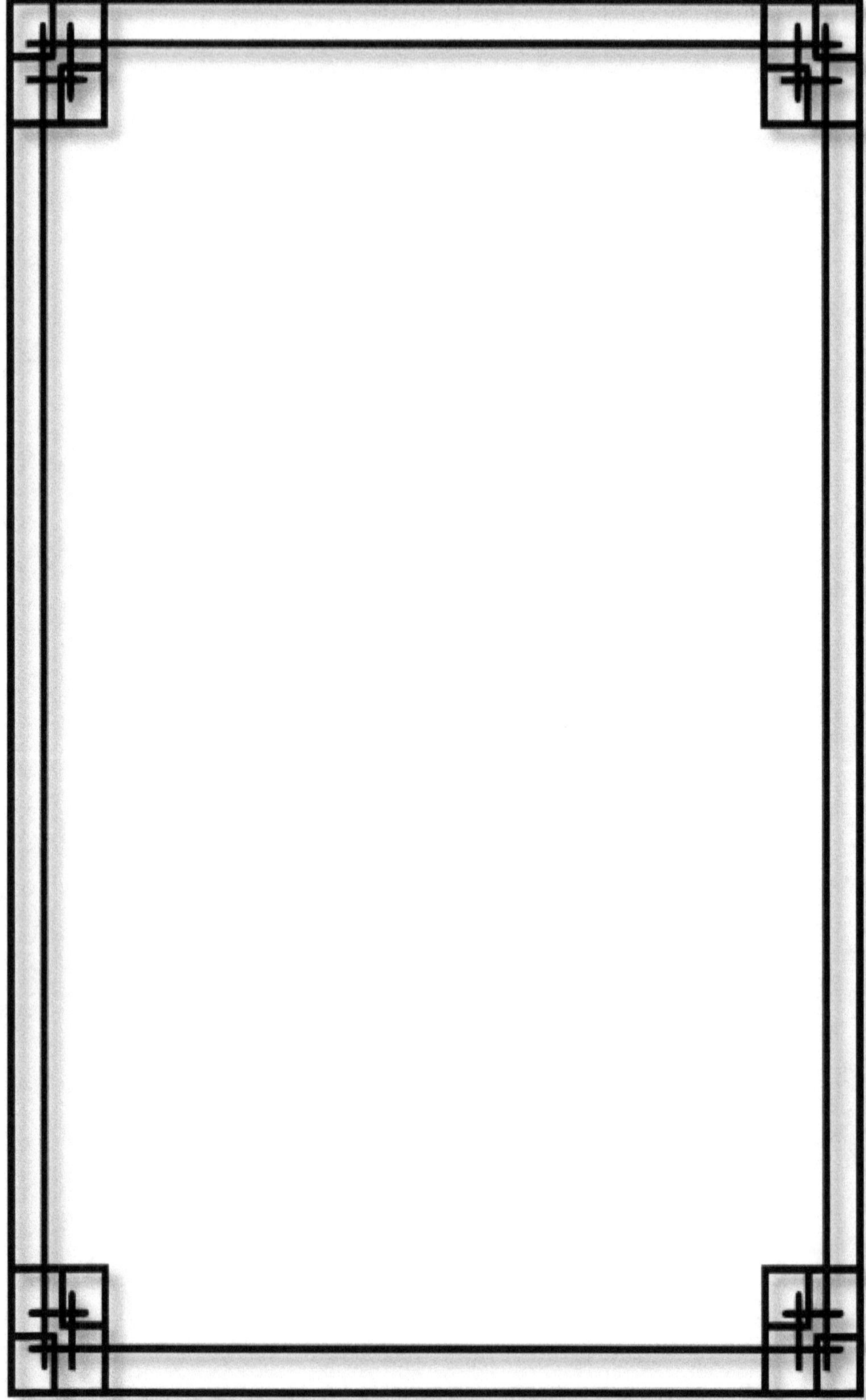

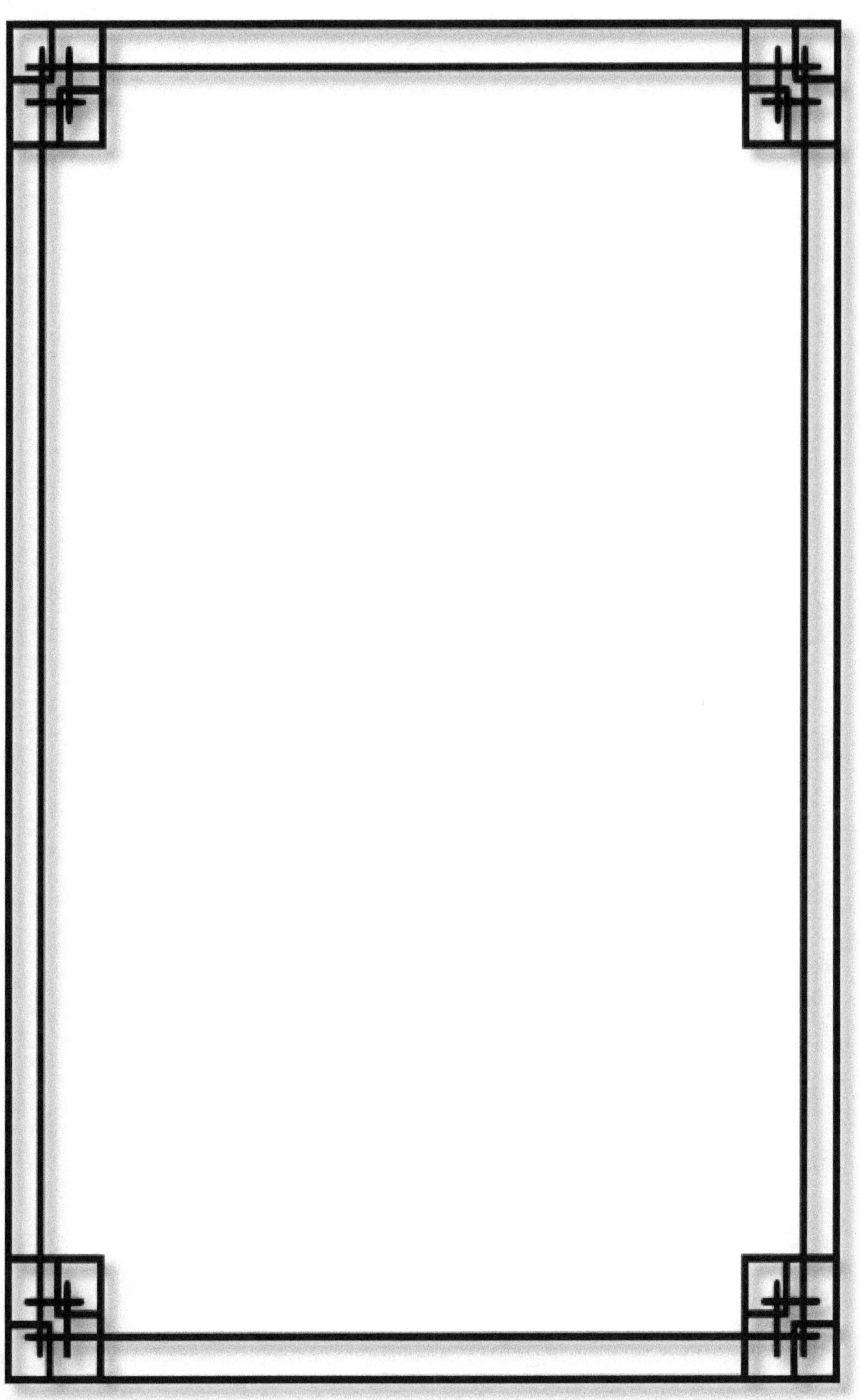

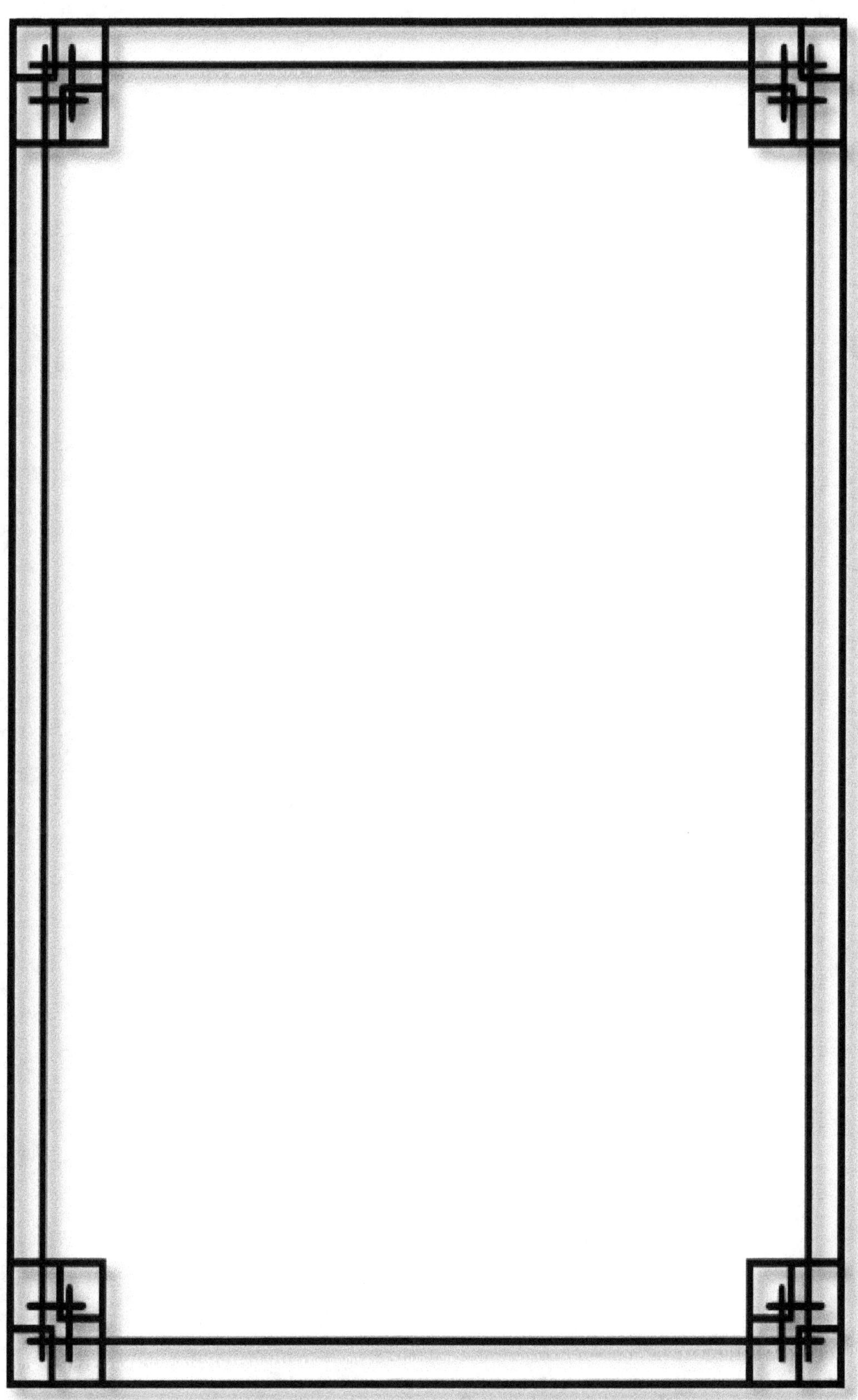

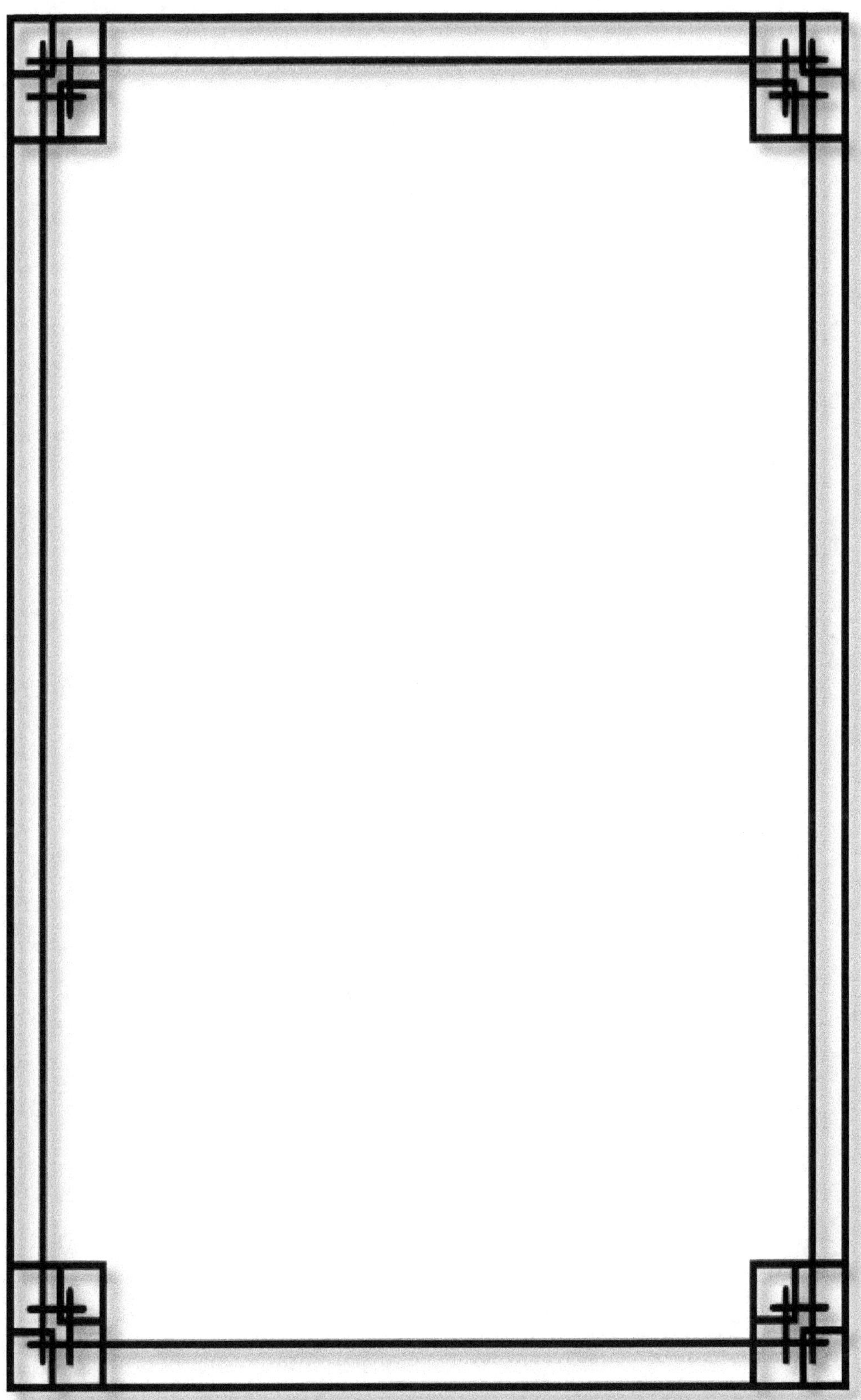

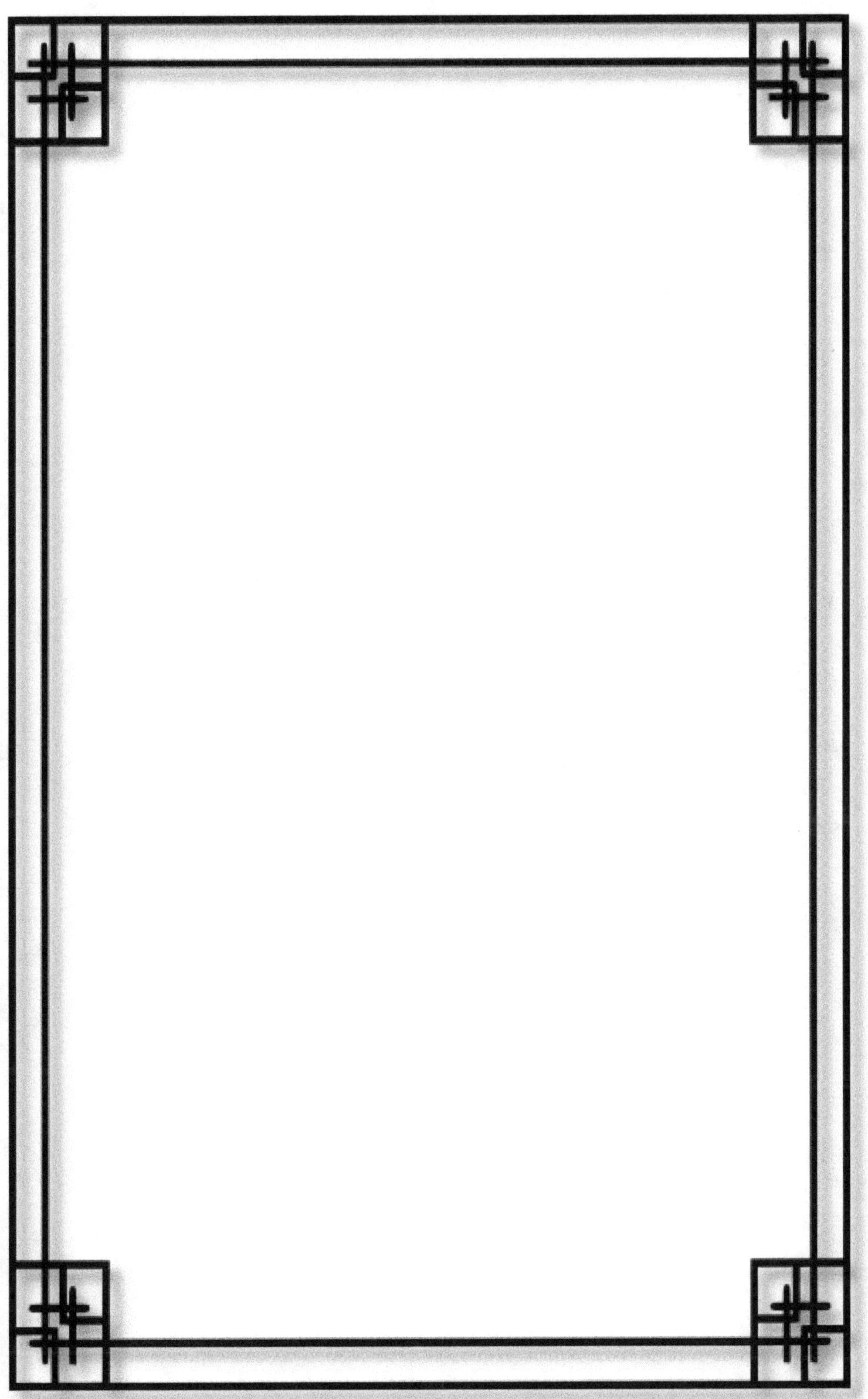

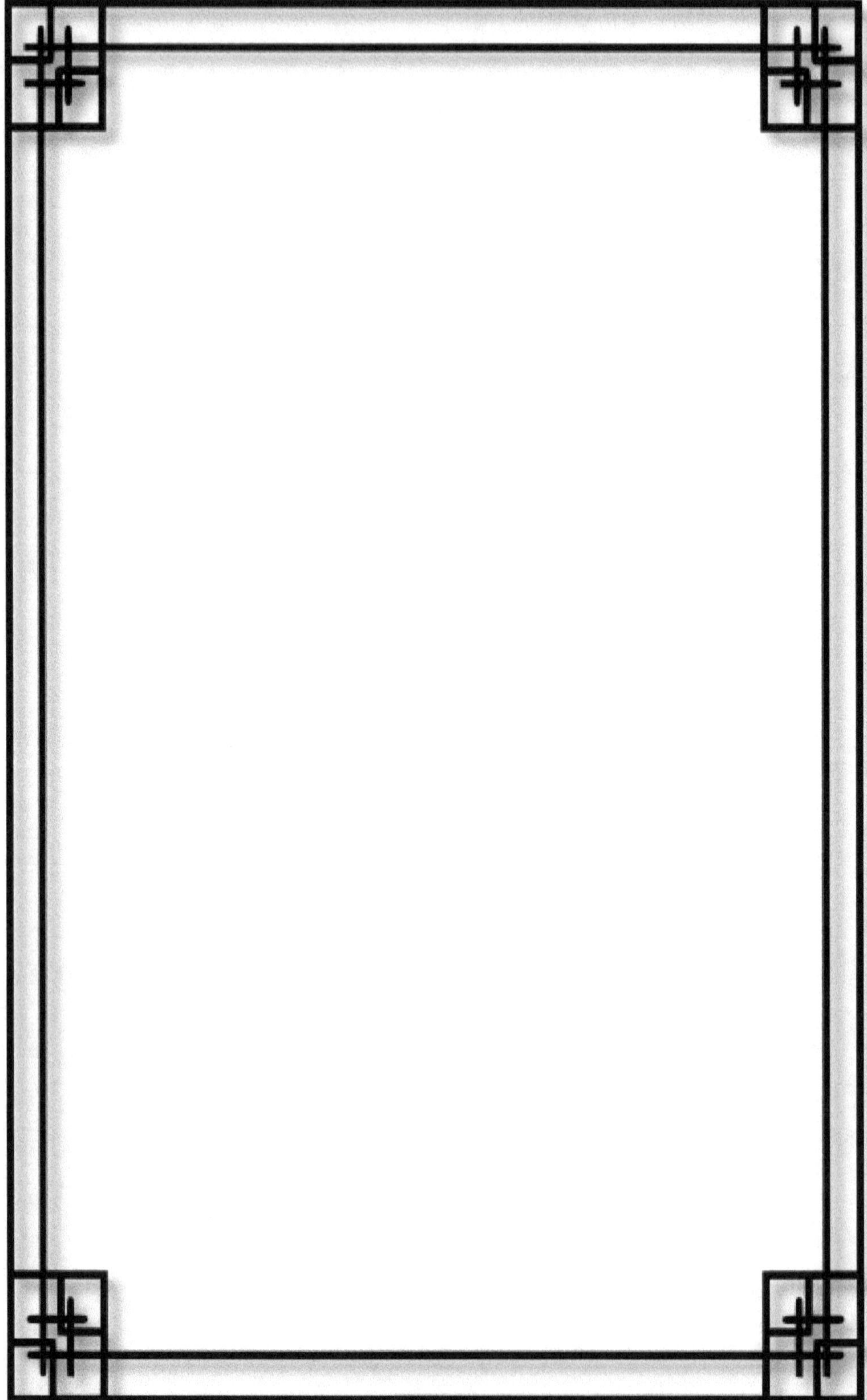

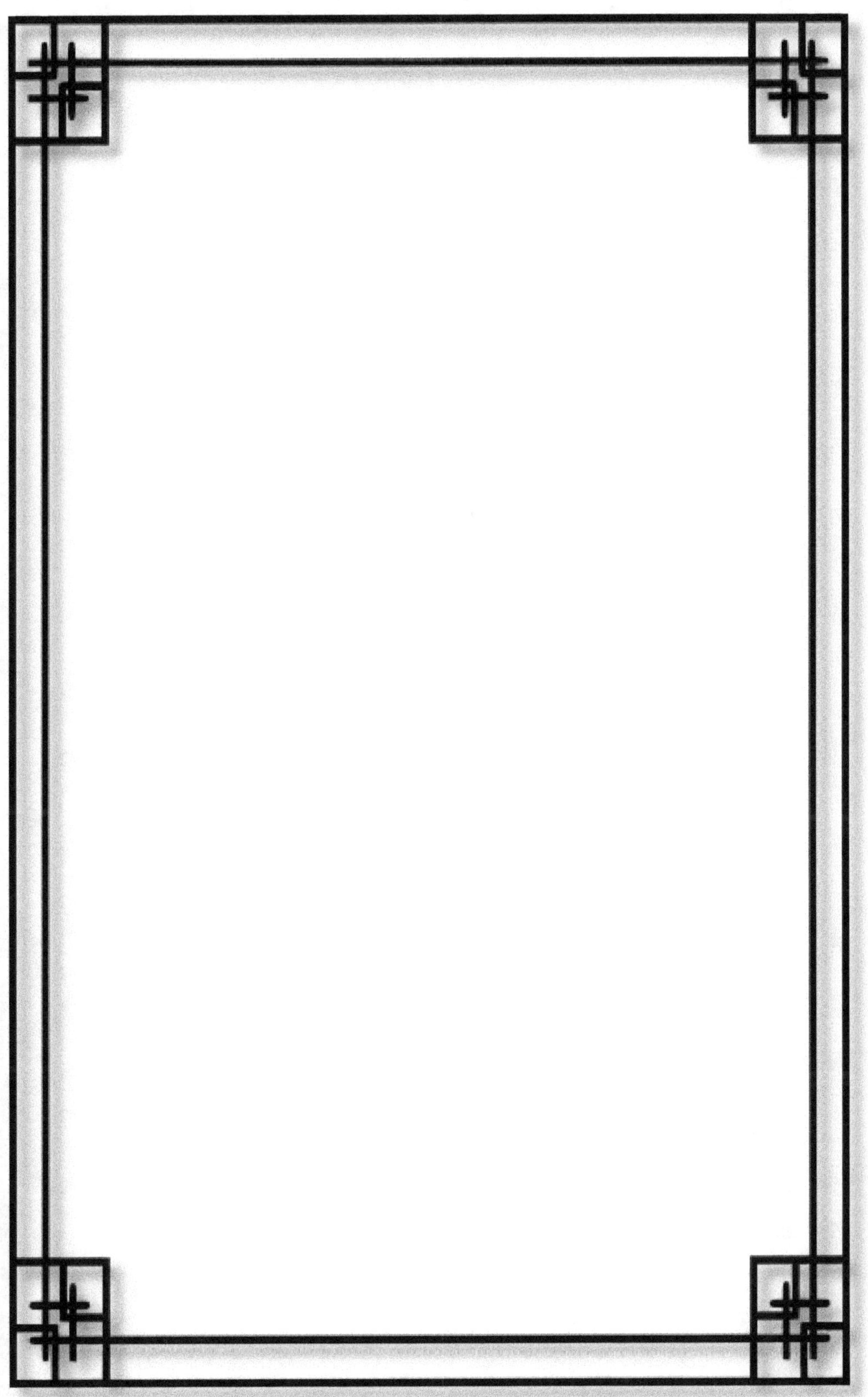

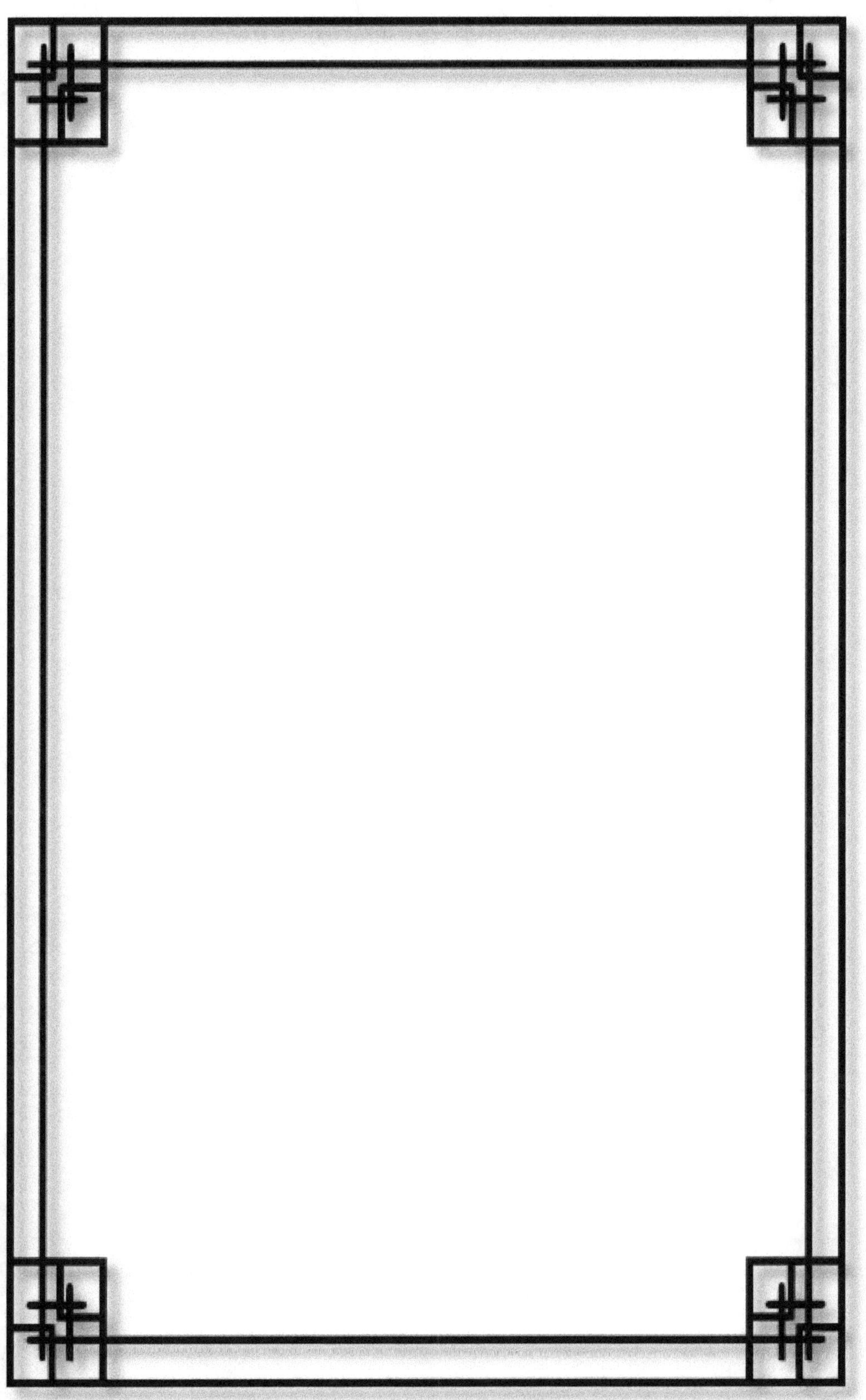

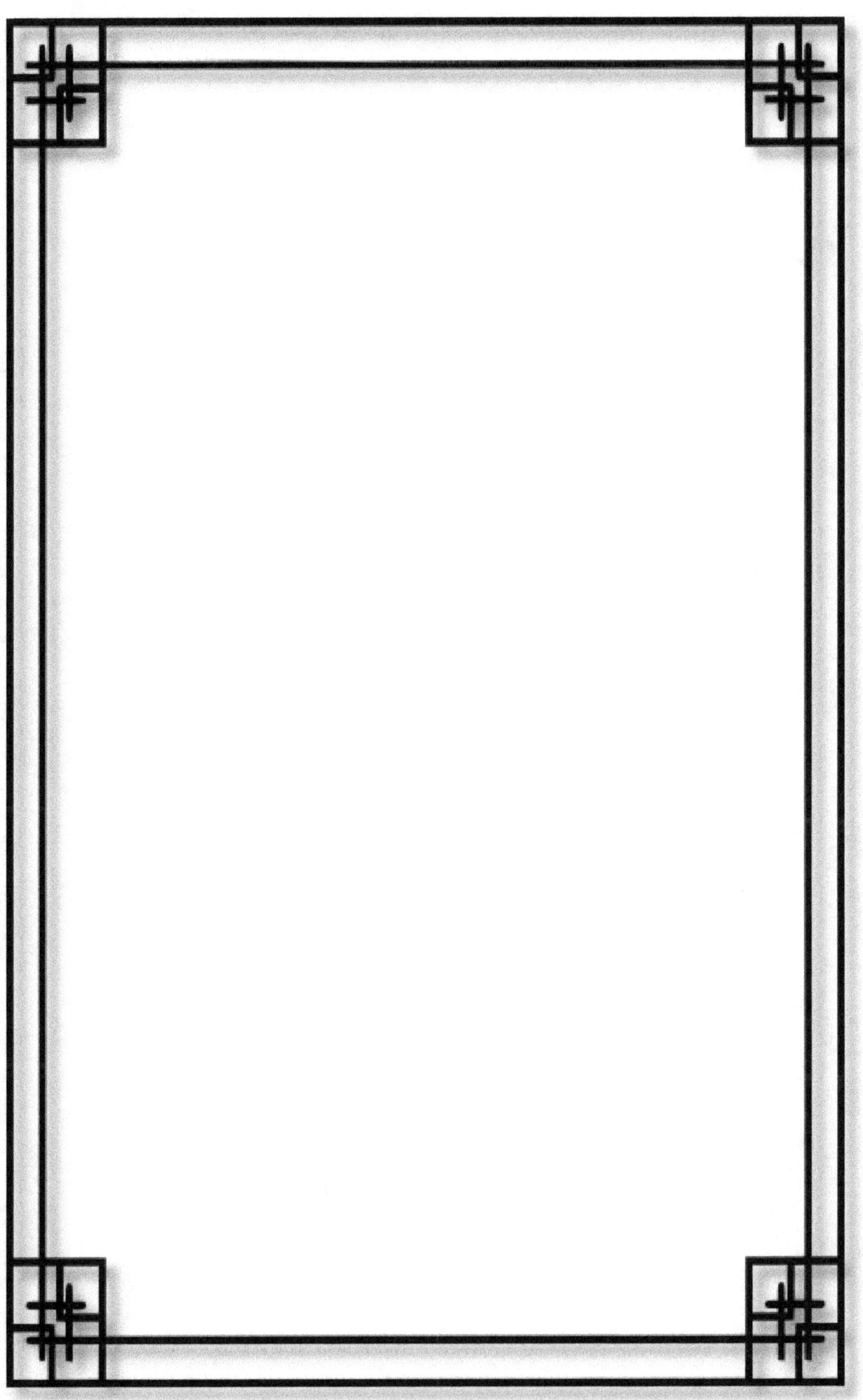

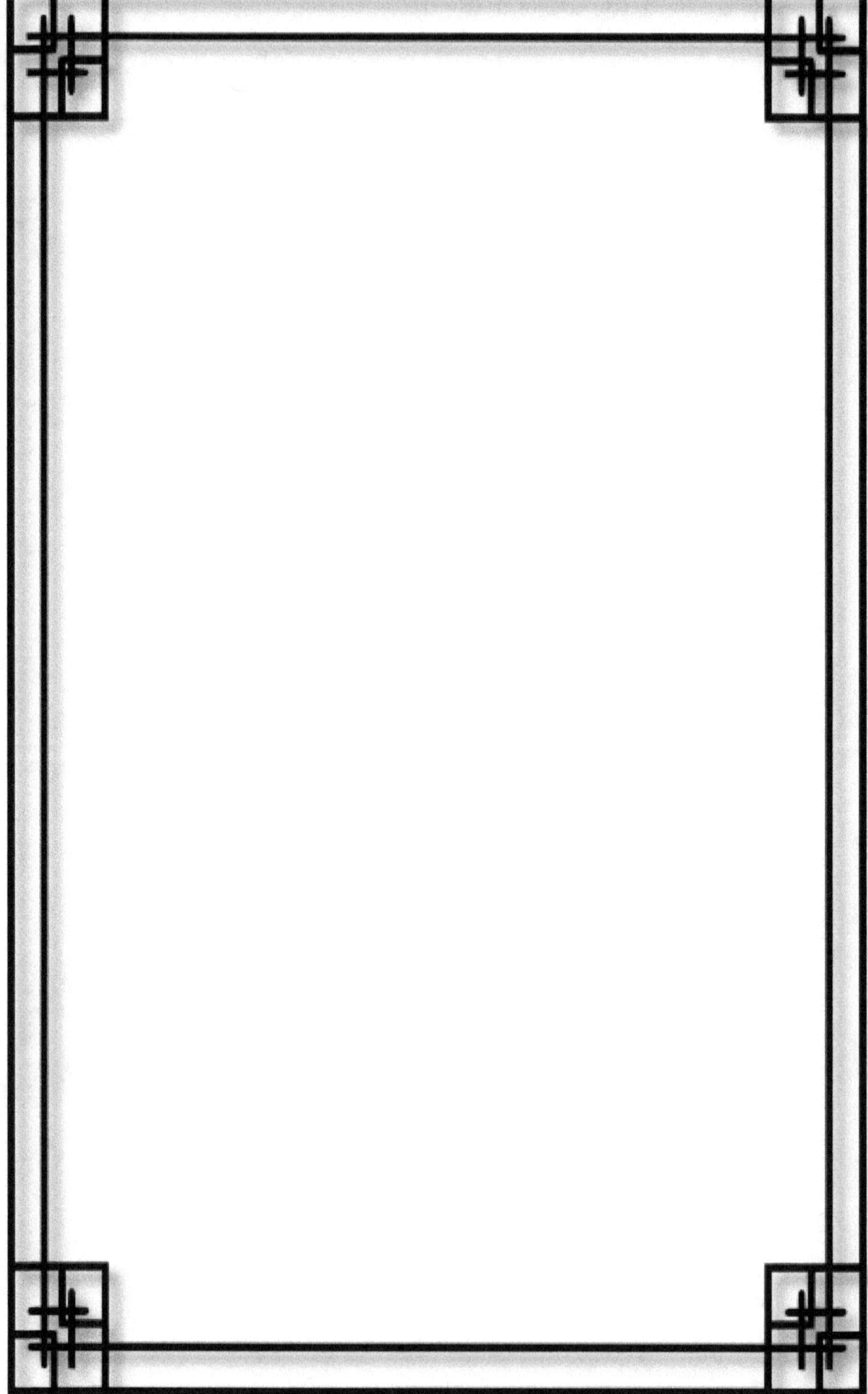

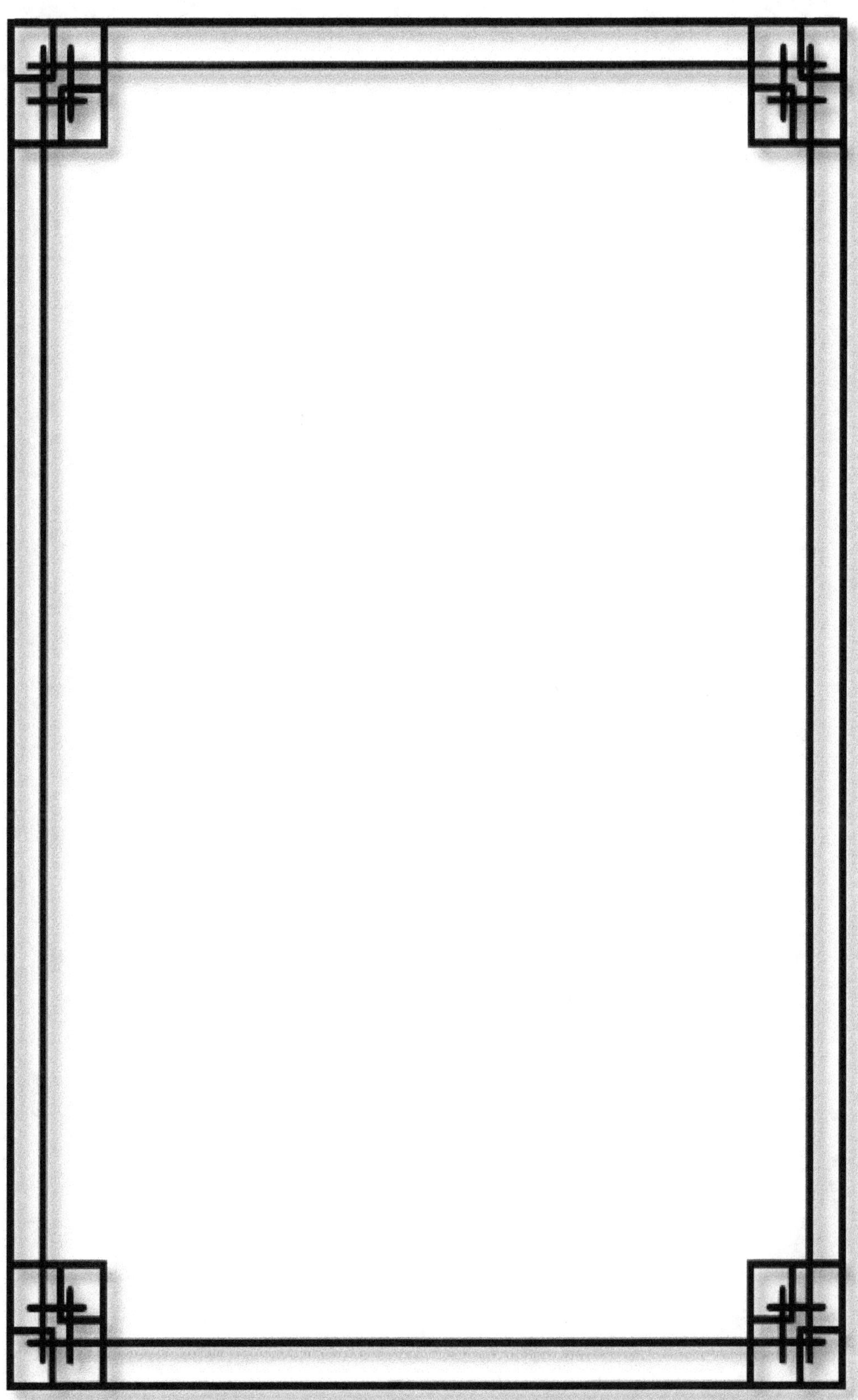

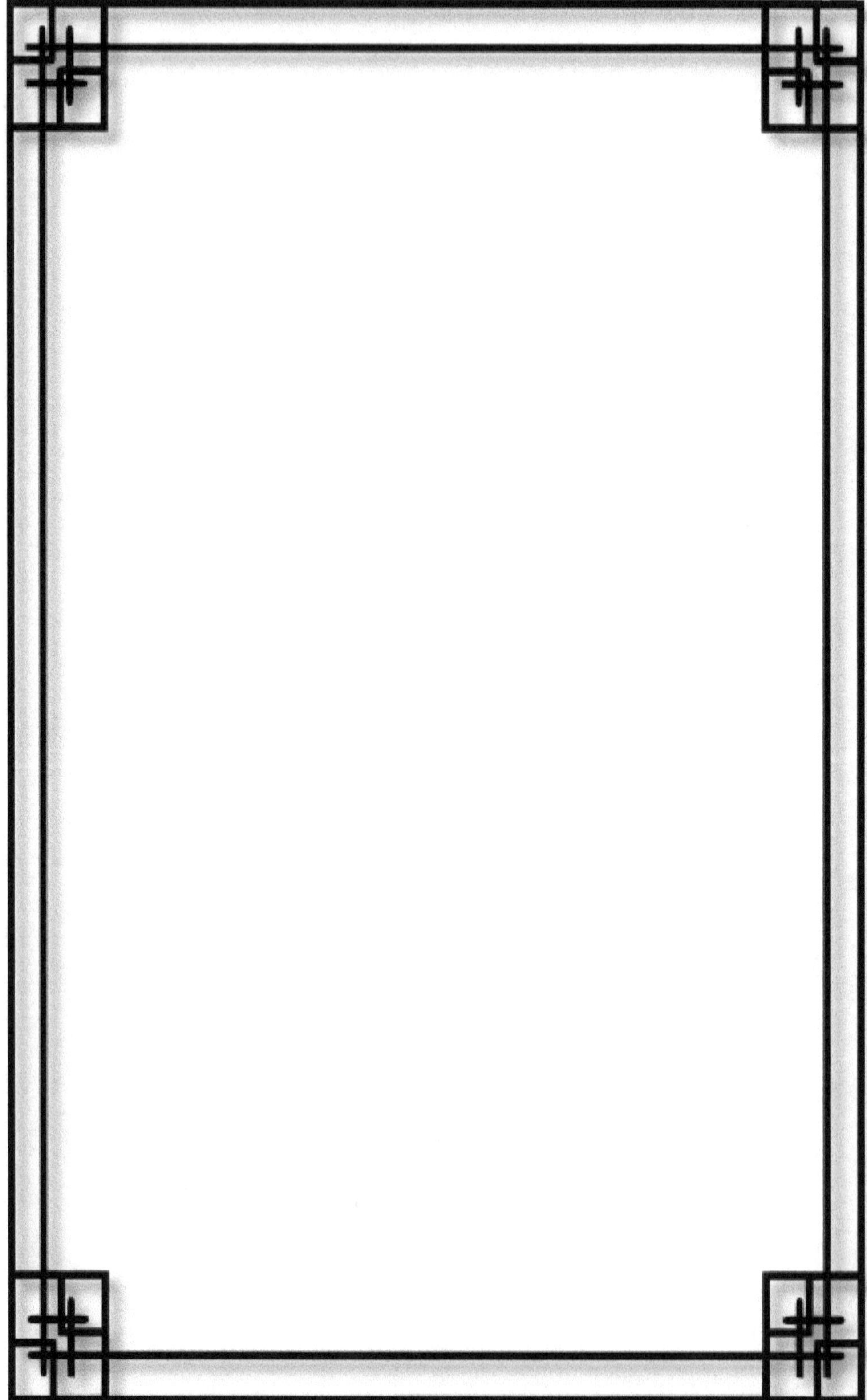